Los primeros viajes escolares

La biblioteca pública

por Cari Meister

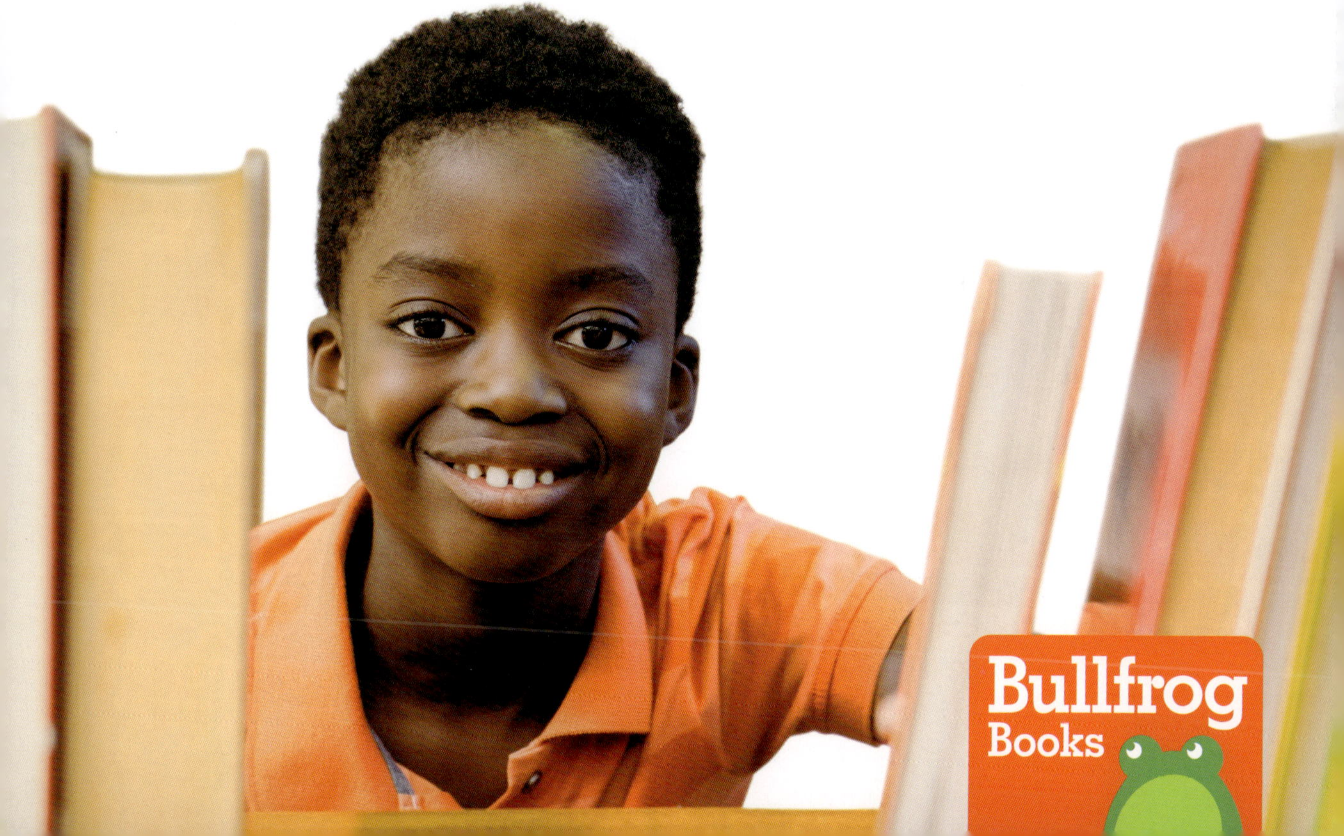

Bullfrog Books

Ideas para padres y maestros

Bullfrog Books permite a los niños practicar la lectura de texto informacional desde el nivel principiante. Repeticiones, palabras conocidas y descripciones en las imágenes ayudan a los lectores principiantes.

Antes de leer
- Hablen acerca de las fotografías. ¿Qué representan para ellos?
- Consulten juntos el glosario de fotografías. Lean las palabras y hablen de ellas.

Lean en libro
- "Caminen" a través del libro y observen las fotografías. Deje que el niño haga preguntas. Señale las descripciones en las imágenes.
- Lea el libro al niño, o deje que él o ella lo lea independientemente.

Después de leer
- Inspire a que el niño piense más. Pregunte: ¿Alguna vez has visitado una biblioteca pública? ¿Rentaste algún libro? ¿Que tipo de libro es el que mas te gusta leer?

Bullfrog Books are published by Jump!
5357 Penn Avenue South
Minneapolis, MN 55419
www.jumplibrary.com

Copyright © 2016 Jump! International copyright reserved in all countries. No part of this book may be reproduced in any form without written permission from the publisher.

Library of Congress Cataloging-in-Publication Data

Names: Meister, Cari, author.
Title: La biblioteca pública / por Cari Meister.
Other titles: Public Library. Spanish.
Description: Minneapolis, MN : Jump!, Inc. [2016] |
Series: Los primeros viajes escolares | Includes index.
Identifiers: LCCN 2015032573 |
ISBN 9781620313275 (hardcover: alk. paper) |
ISBN 9781624963872 (ebook)
Subjects: LCSH: Libraries—Juvenile literature. |
Public libraries—Juvenile literature. |
School field trips—Juvenile literature.
Classification: LCC Z665.5.M4518 2016 |
DDC 027.4—dc23
LC record available at http://lccn.loc.gov/2015032573

Editor: Jenny Fretland VanVoorst
Series Designer: Ellen Huber
Book Designer: Lindaanne Donohoe
Photo Researcher: Lindaanne Donohoe
Translator: RAM Translations

Photo Credits: All photos by Shutterstock except: 123RF, 16–17; Corbis, 14, 18–19; Dreamstime, 10, 11; Getty, 23tr; iStock, 1, 5, 6–7, 15; Popartic/Shutterstock.com, 23br; Thinkstock, 4, 12–13, 22.

Printed in China.

Tabla de contenido

Diviértete leyendo 4
En la biblioteca 22
Glosario con fotografías 23
Índice 24
Para aprender más 24

Diviértete leyendo

¿Hacia dónde se dirige la clase?

¡A la biblioteca!

Bo es bibliotecaria.
Ella le ayuda a la gente.
Encuentra libros.
Encuentra información.

¡Ssh!

Es hora de una historia.

Bo está leyendo.

Es un libro gracioso.

Este es el catálogo.
Muestra lo que tiene la biblioteca.

Tiene libros.

Tiene DVDs.

Tiene revistas.

Lili quiere un libro acerca de gatos.

Ella teclea GATO en la barra de búsqueda.

¡Wow! Tienen 20 libros.

Mario encuentra un libro acerca de autos.

Peg encuentra un DVD.

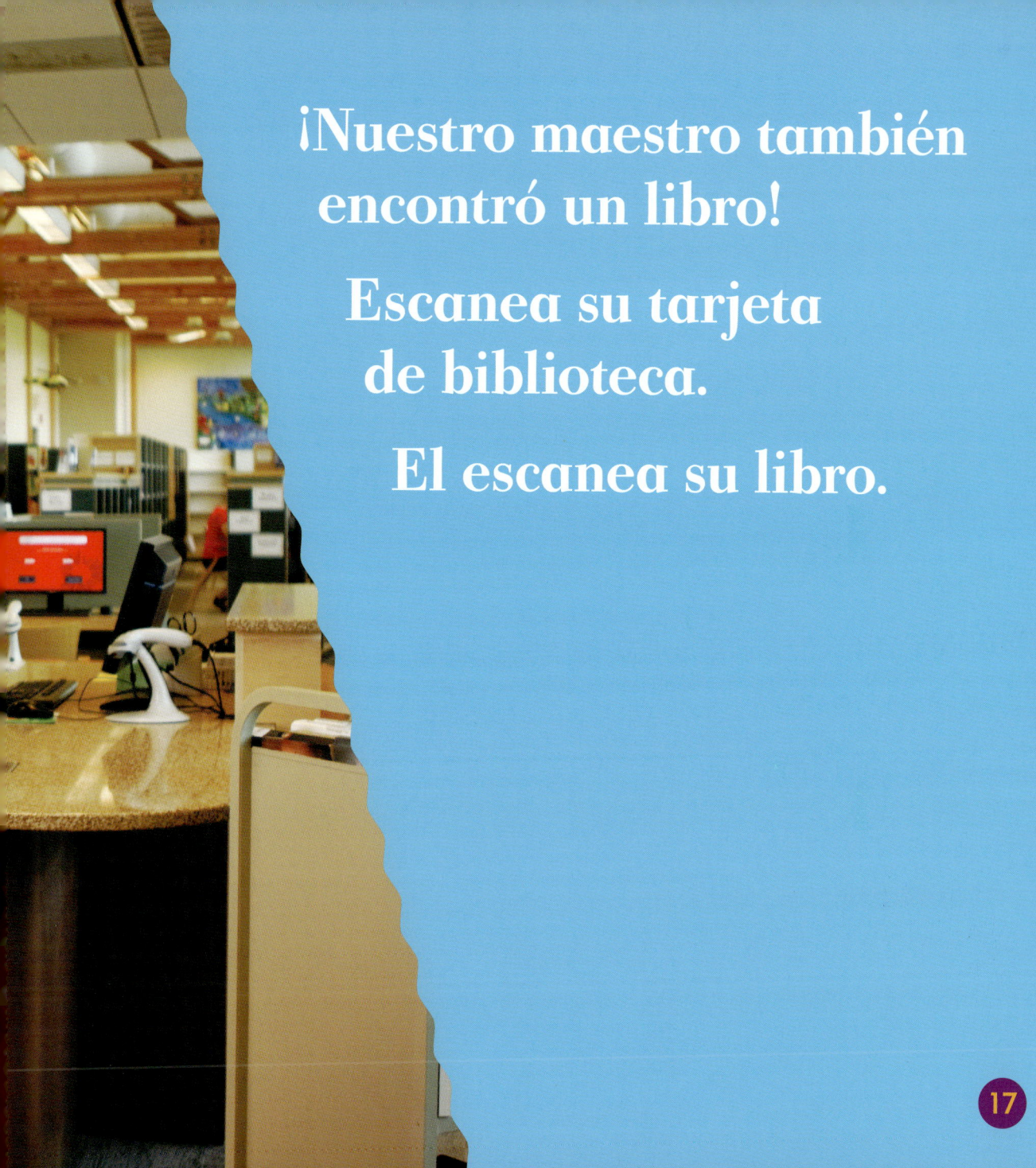

¡Nuestro maestro también encontró un libro!

Escanea su tarjeta de biblioteca.

El escanea su libro.

¿Cuándo hay que regresar los libros?

En dos semanas.

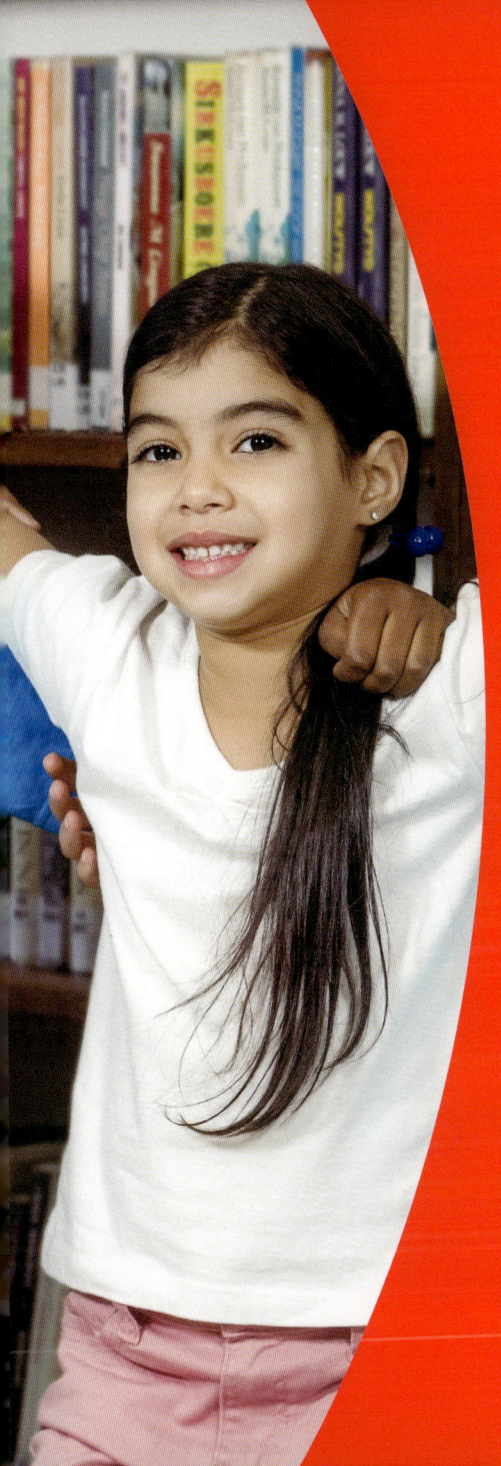

Fue divertido ir a la biblioteca.

Regresemos pronto.

En la biblioteca

estantes
Los libros se organizan en estantes para que otras personas los puedan encontrar fácilmente.

computadora
Las bibliotecas usan computadoras para que la gente las use en sus tareas.

escritorio
Las bibliotecas tienen escritorios para que las personas puedan trabajar.

área de lectura:
La bibliotecas tiene áreas cómodas para que la gente lea ahí.

Glosario con fotografías

bibliotecario
La persona encargada de la biblioteca.

revista
Publicación que contiene múltiples artículos y se publica en intervalos regulares.

DVD
Disco de plástico el cual sirve para almacenar programas o películas.

tarjeta de biblioteca
Una tarjeta que le da permiso al portador de rentar libros de la biblioteca.

Índice

bibliotecaria 6
catalogo 10
clase 4
DVDs 11, 15
hora de la historia 9
información 6
leer 9
libros, 6, 9, 11, 12, 14, 17, 18
regresar 18, 21
revistas 11
tarjeta de biblioteca 17

Para aprender más

Aprender más es tan fácil como 1, 2, 3.

1) Visite www.factsurfer.com

2) Escriba "labibliotecapública" en la caja de búsqueda.

3) Haga clic en el botón "Surf" para obtener una lista de sitios web.

Con factsurfer.com, más información está a solo un clic de distancia.